화려한 외출

서옥련 시집

화려한 외출

인쇄| 2010년 11월 25일
발행| 2010년 11월 30일

글쓴이|서옥련
펴낸이|장호병
펴낸곳|북랜드
135-936 서울 강남구 역삼동 832-7 황화빌딩 1108호
대표전화 (02) 732-4574 | (053) 252-9114
팩시밀리 (02) 734-4574 | (053) 252-9334

등록일| 1999년 11월 11일
등록번호| 제13-615호
홈페이지| www.bookland.co.kr
이-메일| bookland@hanmail.net

편집주간| 곽홍렬
책임편집| 김인옥
영 업| 최성진

ISBN 978-89-7787-522-7 03810

값 8,000 원

화려한 외출

| 서옥련 시집 |

북랜드

머리글

닫혀 있던 마음의 문을 활짝 열어본다.

지난날을 뒤돌아보면 참으로 별나게 제 멋대로 살아왔다.

부끄럽고 떨리는 가난한 글의 이력을 엮은 만용에 얼굴을 붉히면서 서문을 쓰고 있다.

어둔한 머리가 삭정이처럼 메말라 버린 지금에 차가운 가슴에 안겨오는 허공을 의식하면서 삶은 역시 외롭고 고달픈 것임을 절감한다.

가진 것 다 못 가진 채 욕심 없이 살아 왔어도 늘 다 못 채운 공허함과 허전함에 가슴은 쓰리고, 한 가닥 제대로 풀어내지 못한 안타까움에 밤잠을 설친 게 그 얼마나 많았던가. 살며 살아가며 또 하나의 나를 창조하기가 왜 그리도 힘이 들었던지. 모아 놓은 적금도, 보여

줄 업적은 크게 없어도 평탄하게 그저 큰 잘못 없이 모범적 삶을 살아 왔노라고 그렇게 말하고 싶다.

한 알의 밀알이 썩어 다시 거름이 되듯이 잔영의 아름다운 추억은 산고가 깊을수록 더욱 빛나는 인생이 아니던가. 지천으로 피어있는 소박함과 풋풋한 향기의 사랑으로 영원히 아름다움을 추구할 수 있는 여인으로 한 걸음 한 걸음 발걸음을 내디디리라. 누가 피는 석양보다 지는 노을이 아름답다고 했던가? 곰삭은 세월과 이끼 낀 나이테에서 찾아 볼 수 없는 그 무엇들을 갈망하면서 오늘도 풀잎에 맺힌 아침 이슬 같은 생을 살면서 뒤돌아본 어제의 발자취가 아쉽게만 느껴진다.

찬란한 내 영혼 하얀 별이 되고 싶다.

서 옥 련

차례

#1 아름다운 이별

#2 화려한 외출

#3 들꽃 같은 하루

#4 자연의 섭리

#5 마음을 비우고

1

아름다운 이별

세월
—自畵像

거울을 본다
거울 속 비쳐진 그림은 성숙된
이방인이 낮은 여인의 모습이 한동안
방 안을 기웃거린다

세월의 두꺼운 향기
무르익은 비릿한 풋내음은
흔적 없이 사라지고
미화된 그림으로 거울 속 꽉 메우고 있다
향유를 바른 번들거림도 아닌
퇴색되어 무채색으로 변해버린 지금에 와
향기 잃은 내 안에 조용히 응시한다

젊다는 것은 서툴다는 것일까
농익어 터질 것 같은 지금에 와
왜 이렇게 만감이 교차하는지 어쩌랴
반백의 세월 앞에서……

사모곡

어머님
세월은 가던가요?
꽃은 갈아 다시 피고 지고 피지만
세월은 되돌릴 수 없나 봅니다

하얀 백발에 정이 그리워선지
눈가에 어리는 이슬은
회환回還의 정이 그립던가요?

봉숭아로 곱던 손길
굵어지신 손마디 마다
깊게 팬 나이테는 되돌릴 수 없던가요

하얀 목련과도 같이 곱던
어머님의
화신은 세월 밖 밀려나시고
어느새 당신의 작은 모습이
가냘프게 느껴집니다
어머님…….

아버지 산소 앞에서

아버지! 여식 이제야 찾아뵈옵니다

당신 몸이 썩어 새끼의
먹이가 되어도
사랑으로 모듬어 주시던
내 아버지
둥지 속 제비처럼 알을 품고
먹이를 물어다 고이 길러 놓은 여식은
제 갈 곳으로 훌쩍 떠나 버렸습니다

어릴 적 바라본 내 아버지
푸르름 아름아름 채워 주신 모든 것들
노래로 벗 삼아 山 능선 오르시며
젊음을 과시하시던 아버지
하-얀 이[齒] 드러내시며
언제나 살짝 웃어 보이셨지요

어제인 듯 잡힐 것 같은 순간들이

아득히 멀어진 지 오래 되었습니다

사랑으로 키우시고
사랑의 열매로 곱게도 길렀지요

아버지의 향취가 살아 숨 쉬는 이곳
마음 한 자락 나뭇가지에 걸어놓고
뒤돌아 온 발길
아-! 가슴속 영혼이 저며 옵니다.

귀여운 우리 아가

네가 세상에 태어났을 때
하얀 강보에 싸인 너의 모습
고운 햇살과도 같았지

보석 같은 눈빛 신비로운 듯
사방을 살피던
어느 여름날
네가 태어나던 날
세상을 다 얻던 것만 같구나.

어느새 종알종알 옹알이를 하고
아장아장 뒤뚱뒤뚱 오리걸음
넘어질까 두렵네

몽실하게 피어나는 두 그림자
마음에 전율을 타고 오면
봄 눈 살짝 녹여든다

오늘도 재롱이들은
문 밖 출입 잦을 듯 들숭날숭 하겠지?
귀엽게 자라준 꼬마 녀석들
건강하게 자라서
훌륭한 사람 되거라.

사랑하는 아이야 보아라

사랑하는 아이야
너희들은 누구이기에 이렇게
내 마음 흔들어 놓느냐
빈 가슴 채우지 못할 때는
너희들 생각에 아름다운 꿈으로
가슴 가득 엮어 본단다

아이야 어느새 훌쩍 컸느냐
고사리 같은 아가손이
두꺼비 같은 손으로 변해
장난꾸러기가 되었겠지?

초롱초롱 눈망울 귀여운 녀석들
보고픈 마음에 언제나
아지랑이 같은 작은 떨림으로
다가오는 이 할미의 가슴에는
분홍빛 봄날이구나

항상 웃음과 희망을 안겨주고
행복을 추구하는 녀석들
건강한 모습으로
영롱한 보석이 되어
주춧돌과 버팀목이 되어 주렴
외할머니가

지난 추억

솜털이 저렇게 뽀샤시하게
내 젊은 날은 갔어도
가끔 실눈을 뜨고 뒤돌아보면
피시시 웃게 된다
지금쯤 얼마만큼의 시간 속으로
걸어 와 있는 건지
내가 잘 살아가고 있는 건지
모르지만 말이야
그래도 다시는 젊은 날로 되돌아가고
싶은 생각은 죽어도 없어
난 다시 태어난다면 들에 핀 개망초라도 좋고
괭이밥이라도 좋아
이렇게 하루하루 힘들게 때로 구차하게
비틀거리면서 사는 것보다
들꽃으로 태어나는 일이 좋아
그것이 어렵다면 잡풀이면 어떠리.

무향의 그리움

정자나무 아래
은행나무 곱게 물들어
환상처럼 흩날리던 눈송이로
아무도 알 수 없는 순간에
너는 내게 정겨움으로 다가왔다

필연인지 우연인지 알 수는 없지만
어쩌면 너는 힘든 어깨
피곤한 삶에 실려 왔을지도 모른다.

무색, 무미, 무표정함으로
처음 내 발등을 찾았을 때
무심히 지나치는 바람결로 알았다

삭풍 끝에 실린 마음
애처롭던 그 겨울
어쩌면
사랑도, 미움도, 기다림도 아닌
무향의 그리움으로 다가왔을지도

친구여

연기 몽실 피어 오르는 어느 오후
솔향기 피우는 얼룩으로 가는 길
인연의 밭둑 길 하얀 걸음으로
종달새 떠났네!

땅거미 지던 그 날
오들개 깜부기 따먹던 그리움
여울져 스미고
입가엔 하얀 미소 지으며
길모퉁이 서성이며 보리피리 불었지?

종달새 울던 그 날
가쁜 숨 몰아쉬며 총총걸음
길벗 따라 나선 길

보랏빛 시공을 향해
불러도 허공 속 메아리뿐

떠가는 구름 위로 살~짝
내 마음 엮어 띄우면
긴긴 사연 아름다웠노라고
말해 주지 않겠나!

상처 난 부위를 도려내듯
아득한 그리움 묻고 싶구나!

논둑길 하얀 길 따라 나서면
지금도 슬픈 그리움 먼저 따라 나선다

* 오들개 : 뽕나무 열매(오디)

지천명

불혹을 지나
지천명의 뜰에서
내게 설렘을 갖게 해 준
당신에게 감사합니다

당신 때문에
환희의 기쁨도 맛보았고
가슴에 이는 아픔도 겪었습니다

때론
우리 너무 달라
굽이쳐 흐르는 물과도 같이
많은 고개도 넘었습니다.

하지만
강물에도 회오리가 있듯이
엎치락뒤치락
늘 그 자리에 묶여 있는
물도 있다는 것을 안 나는

그래도 나에게는
그런 강이 있다는 것이 행복합니다.
이후에도 영원히
부딪히는 회오리도
향기가 있다는 것을……

雪花를 보면서

밤새 흩뿌린 안개꽃
어둠을 가르며 사라지는 것들
덜컹 덜컹 종착역
싸구려 추억을 연상하면서
달리는 열차에 몸을 맡긴다
흰 눈은 하늘마저 가리고
대지를 덮고 있다.

나목들의 울음소리
창공을 휘날리며 가끔 차창을 때린다
겨울나무가 피워 올린
눈꽃화원
매서운 추위 속 기세는 당당하다.

빙하의 세상은 고요히 나래 접고
도심의 빌딩도
포만감에 젖어 졸고 있다
주검 같은 적막한 고요 속에

시간은 나뭇가지에 묶어 놓고
찬바람에 열차는
바쁘게 미끄러진다.

– 서울 딸네집에 가면서

어버이 날

카네이션 물결이 일렁이던 날
기다림에 지쳐 계실 어머님을 만났다
얼마나 오랜만인지 지척에 두고도
이 핑계 저 핑계로 화답하던 날들

볼 물이 터질 것 같은 어머님의 미소가
세상을 다 얻은 것처럼 아름답게만 느껴졌다
그래, 내 곁에 오래 머물고 계신다는 것이
얼마나 대견하고 감사한지를…….

젊은 시절 아버지를 일찍 여의시고
홀로 키울 자식 걱정에
눈물을 훔쳤을 내 어머님이 아니던가

삶의 고뇌와 역경 속에서도 굴하지 않고
굳건하게 살아오신 든든한 나의 어머님
딸의 손을 꼭 잡고 시장 가던 날

우리 딸이라며 묻지도 않는 분들에게
어깨에 힘을 주고
"우리 딸 왔대이, 우리 딸 아이가" 하고
자랑하시던 내 어머님의 큰 목소리
시장통 아는 사람들에게
일일이 아는 척을 하였다

얼마나 기가 막힌 일이던가
기다림에 지쳐 목말라 하였을 당신에게
여식 이제사 곱씹어 봅니다

쫓기듯 달려온 세월 앞에 백발이 성성한 어머님은
청미래 덩굴의 빨간 열매가 위태롭게 매달린 채로 신호를 합니다
불러도 불러 봐도 식상치 않은 어머님의 그 이름 사랑합니다
당신의 멍든 세월 여식 이제야 철이 들었나 봅니다.

아름다운 이별

꽃잎 날리는 언덕에 오르면
아직도 떨어지기 안타까운 꽃잎이
산속으로 가고
아련한 향기만 추억하고 있다

나도 저 꽃잎처럼
짙은 향기 남길 수 있을까?
떠나는 뒷모습 안쓰러워
한 방울 한 방울
누군가의 가슴에 물들이고
가볍게 지는 꽃으로 닮고 싶다

영원히 지지 않는 향기 피우면서
맑은 눈빛으로 그대를 부른다면
아직도 시들지 않은 느낌표 하나로
한 마리 나비가 되어 날아올까?

아낌없이 향기 내주던 아름다움이여
영원히 지지 않는 이별이고 싶다

삶과 죽음의 계곡

숨 가쁘게 쫓기듯 살아온 삶의 무게를
조용히 일상을 접고
바람은 햇살을 베고 누워
국화꽃 무덤을 끌어안는다

홍엽 같은 낙엽은 이별을 고하고
골짜기에 풀벌레 소리는 목이 쉰 채로
각자의 색깔을 더하며
스산한 적막의 세월을 말해주고 있다.

해탈을 벗어버린 외로운 영혼 하나
갈바람 속에서
피보다 붉은 연서를
비명碑銘으로 새겨놓고
전설로 묻혀가는 서러운 이별 앞에
오늘도
추억을 회상하고 있다

— 시아버님의 산소에서

초로인생草露人生

초가삼간
댓돌 위에 고무신 하나
언제나 덩그러니 놓여 있다

세상 싫다고
돌아누운 것이 언제인가
기다림에 늙어 돌이 되어
애벌레가 된 지금
굳이 말하지 않아도 알 수 있다.

한 평 남짓한
마른 몸 누워
아무런 미동도 않은 채
세상 인연
끊지 못하는 서러움
언제나 꽃상여 타려나……

인생은 곡예사

삶은 분명 처음 오는
외줄처럼
아슬아슬한 곡예사다

눅눅한 세상 한 모퉁이에는
어혈의 노래로
비켜선 사람들이
아프게 울고 있다.

침이 마르도록
독설을 퍼부으며
산천을 떨게 하던
네 오만도

침묵으로 변하고
독설도
씨가 되는 네 삶엔
침묵은
곧 황금의 시간인 것을……

2

화려한 외출

화려한 외출

설레는 마음 한 칸에
종이배 같은 그리움이
영롱한 초록빛 사이로
내 마음 띄워 보낸다.

얼마나 많은 날을 기다려 왔던가?

덩그러니 놓여 있는
거울 앞에서
주저리주저리 삶을 흘려 놓고
지난날의 끝없는 욕망을
허구 속에 묻어둔 채

눈 덩이처럼 불리기도 하고
녹아내리기도 하지만
비로소 이제 웃을 수 있다.

수정보다 더 맑은 햇살 아래

향기로운 바람에 실려
형형색색 오색으로 변장을 시켜놓고
지금 막
화려한 외출을 하고 있다.

베트남 아침 출근길

새벽부터 후덥지근한 날씨에
기분은 몽롱하다
투명하지 못한 날씨임에도
거리를 배회하며 아침 산책에 나선다.
조금 걸었을까 살갗은 온통 땀에 절어
기분은 아주 찝찝하다.

이어 도로에 이어지는 오토바이 폭주
불나방처럼 모여드는 출근길 아침
오토바이 행렬은 장관을 이루고
한바탕 곡예로 축제의 분위기는 아찔하다
낯은 이국의 베트남
언어의 장벽을 넘어
이방인과의 대화를 한다.

무질서의 천국 생존경쟁 사회로
우뚝 발돋움 치는
베트남 하노이

산업화 물결에 휩싸여 거대한 장벽을 깬다.

간간이 보이는 우리나라
성업의 마티즈도 뒤질세라
쉴 새 없이 꼬리를 이어 물고
밀물과 썰물에 휩싸여
도로를 점령한다.

끝도 없이 이어지는 베트남 하노이
낭만의 거리
축제의 거리
화려한 도심의 축제만을 연상케 한다.

— 베트남 여행

다문화 가정

사랑과 믿음으로 만난 우리 두 사람
현실을 사이에 두고
동강난 먼 이국 땅 언어의 장벽을 넘어
한 남편의 아내로서
이곳 경북 고령에 주소를 두고
결혼 이주여성으로 정착을 하게 된 것을
진심으로 감사하고 환영합니다

어눌한 대화 속에서
다문화 가정이란 이름 하에
우리 고령 군민과 호흡하고 함께 행복하게
살게 된 것을 매우 뜻 깊게 생각하며
생소한 문화적 정서와 가치를 극복하면서
진정한 한국인이 되어 달라고 부탁하고 싶습니다.

그동안 한국을 이해 못하고
한국 문화에 적응하는 데 어려움이 많았겠지만
별 어려움 없이 행복이란 가족의 둥지를 틀고

오순도순 정답게 종알종알 새처럼 노래하는
가정이 되어주기를 소원합니다.

— 고령군 다문화 가정 졸업식

연변 아가씨의 기다림

사랑과 믿음으로 만난 두 사람
현실을 사이에 두고
동강난 반쪽 마음은 어디쯤 헤매다가
막막한 언저리에 쌓여 있을까.

기억은 자꾸 자라나고
지탱하기 힘이 들어 기울어 버린
삶의 한쪽 모퉁이에서 억지스레 버텨 주던
소박한 꿈 하나는
세월이 긁어 만든 붉은 자국은 몸살을 한다.

쌓일 대로 쌓여버린 공허한 미완의 흔적들은
그 어떤 의미와 망설임보다도 크나큰 소망을 가져다준
많은 세월 앞에
촉촉이 젖어드는 야속한 미련을 감당치 못해
뚝뚝 떨어지는 이슬 나무 밑둥에 뿌려 두렵니다.

눈물도 말아버린 눈먼 세월 징검다리 되어
붉게 물든 가슴으로 행복을 꽁꽁 동여매어
동강난 바다로 향하는 이 마음
노을빛 앞장 세워 가리오

주홍빛 하늘에
흰 가루 사뿐히 내리는 그 어느 날
동백꽃 면사포 씌워 피어나리요!

— 한국 비자가 떨어지기만을 기다리는 중국 아가씨

잡초雜草 사랑

웅숭깊은 두렁 섶
여우도 눈물 흘린 겨울 잔설에
겨우내 웅크리고 봄볕 기다리는
야생화는 사랑도 가득하게
꽃망울 터트렸구나

저기 저 논두렁 보라
콩 심고 팥을 심었는데
어찌 해마다 잡초가 무성할까

그래 그런 거란다
굳이 씨앗을 심지 않아도
싹이 돋아나는 것을 야생화
사랑이란다.

악연도 인연이라

칼날보다
숫돌의 의미가 더욱 크다는 것을
무딘 칼날에 목덜미 서로 겨누며
순한 가슴 많이들 아파했었지

시퍼렇게 벼린 칼날에
좋은 수술이 되지 않았지만
피라미의 가난한 마음에 멍울만 남았네

칼날을 세울 때는
숫돌의 아픔을 알까
비수의 끝이 뾰족할수록
수술대에 올려 심장을 지르는 힘이
가볍다고 하지만
칼날을 세울 줄 아는 독기보다
숫돌의 힘이 더욱 크고 강하다는 것을…….

세월은 수레 자국

오늘 하루도 운명의 수레 자국은 수없이
무참히도 짓밟고 굴러갑니다
보이지 않게 모나지 않게 다람쥐 쳇바퀴 굴러가듯
그렇게 또 하루가 지나갑니다

삶이란 마지막 촛불이 꺼지는 순간까지 모든 것이
헛되고 허무할 것입니다
칠흑 같은 어두운 속에서도 묵묵히 거친
비바람을 헤쳐 걸어온 날들이기에 한순간 희열은
끝도 없이 이어집니다

수난의 고통과 역경 속에서도 피워 올린 한 송이
꽃잎을 생각하면 가슴으로 안겨오는 허무를 의식하면서
오늘도 잠을 청하려 합니다.

지독히도 째깍이는 시계추 앞에서
물밀 듯이 밀려오는

쓰디쓴 지난 기억들이 비릿한 웃음으로 퍼지는 순간
한 줄기 선홍빛 햇살은 용솟음치듯 바람결에
소용돌이치며 몰려옵니다

牛島에서

천년 파도가 할퀴고 간 白石
산호 백사장
오랜 세월 씨줄과 날줄의
파편 조각들
물거울에 비쳐진 山河의 모습은
에메랄드빛 청록색 물빛 눈이 시리다

은빛 물결 아래
하얀 진주알
파도가 싣고 온 춘풍의 바람소리
갈매기 자맥질하며
푸른 꿈 실어 나른다

화석이 된 기암괴석
포근한 여인의 젖무덤 속 같은
평온을 지키며 도도히 앉아 있다

무리지어 부서지는 하얀 포말

수면 가득 피어나는 만선의 기쁨은
풍성한 바람의 향연으로
손짓하는 꽃향기에 걸음 멈추고
희열과 포만감으로
이 황금의 축제 극치 속에서

오월의 노래

찔레꽃 볼 부벼대는 햇살 아래
청보리 밭에서 노는 종달새는
맑은 목청의 멧새들의 노래 소리와
연초록 香으로 온 세상 풀어내면서
5월은 분명 살맛나게 하는 계절인가 보다
청보리의 바람까지도 녹슨 가슴을 씻어주고
찔레 향기 그윽한 긴긴 하루는
어릴 때 꺾어 먹던 옛 추억이
엄마의 품속처럼 넉넉한 가슴으로
새록새록 되살아오는
내 오월은
기다리는 님의 계절인가 보다

내 작은 둥지 하나

애지중지 목줄 걸었던
내 작은 한 칸의 둥지 하나
찾아오는 이들에게
희망과 용기를 주는 공간을
감사히 생각한다.
그렇게 날밤을 새워 가며
열정을 걸었던 작은 둥지엔
맑은 날 궂은 날도
거칠고 숨찬 열병에도
마다하지 않고
진한 연기로 매듭을 풀어가면서
그렇게 삶을 지탱해 온 내 안에
오늘도
마음의 빈방을 가득 채운
여정의 애착만큼이나
회자되면서…….
기억마저 늙어버린 섬돌이 되어
조용히 그리움 띄우고 있다

오월의 신부

햇살의 은총 받고
꽃들에 축복 받고
푸르름 앞세워
웨딩마치 울리던 날
연산홍 고운 볼에
향기 피워 머물고
학처럼 천사처럼
새하얀 나래들

하얀 햇살 부서져
하늘 구름 놀러오고
온 세상 축복문 열고서
행복의 노래 부르며
영원히 마르지 않는 샘으로
둘이 아닌 하나 되어
천년의 꽃향기
사랑의 밀어들을
하늘에 흩뿌린다.

봄 오는 소리

누가 이 봄을 아름답다고 말했던가
봄날이 온다 해도 꽃잎을 즐거워하지 말라
꽃잎이 떨어진다 해도 슬퍼하지 말라
곧 열매가 열림을 알리는 증거니까

열림은 너무 즐거워 말라
겨울이 온다는 것을 알리는 증거이니까
새 생명은 겨울이 지나야 소생하는 법

봄은 세월을 낚는 것이다
우리의 인생과 다를 게 무엇이 있겠는가
삶은 그렇게 흘러가는 것이다

어차피 떨어지는 낙엽이라도
그렇게 쉬 목말라 하지도 말고
아쉬움이 남고 조금 더 남아도
미련이 나를 붙들지도 말라

그 날 그 찻집

추억을 밟으며
찾아온 그 날 그 찻집
너와 나
호수 같은 눈동자
맑은 두 눈은
말하지 않아도 하나가 되어
내 안으로 안으로 흘러간다

구름에 달 가듯 가리워진 모습
기억이나 할까?
희뿌연 안개비 속삭이던 날
고즈넉하게 들려오는 음악 소리에
마음의 때를 한껏 씻어 버리고
내 안에 살아 숨 쉬는 모든 것
지우개로 지우고 싶다

빼곡히 채워진 기억 먼 곳
한 칸에 밀어가 묻어나는 곳
화석이 된 그리움
찻잔의 그 향기는
지금도 소설을 읽고 있다

삶 속에서

삶을 돌아보니 아려오고
손끝에 이는 바람이 저려 와도
마른 풀 태우는 매운 연기처럼
코끝이 아리고 눈시울이 더워 와도
사는 게 진리이라면
나 그렇게 살아갈 일이다

흐르는 물속의 깊이와
오르는 산의 높이를 몰라도
돌아볼 여유조차 없이
앞만 보고 걸어올 일이다

부는 바람 매서워
가슴 헤일지라도
혼탁한 눈이 막막하게
뒤엉켜진 삶 속에서

활자의 순간이
시간을 잘라먹어도
나 운명의 좌우명은
끝없는 욕망일 뿐이다

향부자香附子

무서운 갯바람
숨소리마저 서러운 풀뿌리 모래땅
강바람 모래바람 먹고 자란 너는
비바람에도 굴하지 않고
척박하게 뿌리 내려진 지고지순한
운명 앞에 네 영원 불태워도
파란 꿈으로 피어난다.

미움도 서러움도 토해버린 그윽한
향기는 수많은 사연을 남기고
핏빛으로 물들인 까맣게
탄 농부의 한을 너는 아는가!

紘에 탄 가슴에도 굴하지 않고
묵묵히 기다리는 오늘날
농심의 뜨거운 입김으로
한 알의 알갱이가 모아져 세상을 점령한다

차디찬 고운 살갗의 여인의 짙은 한을
질편하게 뱉어 놓은 양
노을 밭 언저리에 기쁨을 묻고
그리움 묻는다

* 향부자 : 약초

不二心

계곡 물 사이로
오동잎 사뿐히 띄워 보낸다
동동 흐르는 물 벗삼아
하나가 아닌 둘이不二서
淸風에 바람꽃 실어보낸다

초록빛 물결 위에
찌든 잡념들 씻어 보지만
어느새 소멸되어 버리고
부서지는 하얀 포구는
낮은 데로 쉴 새 없이 흐른다

옥빛 물결 하늘
환상에 나래 펼쳐보지만
머무는 저 구름은
淸香의 묵정밭에 졸고
갈 길 읽은 황홀함에
정제되는 순간

낯빛에 채워 보지만

둘이 둘이不二 아닌
하나가 되어 흐른다.

3

들꽃 같은 하루

들꽃 같은 하루

어느 한 모퉁이에 다소곳이
피어있는 들꽃들
소담스러운 보름달처럼
모나지 않은 동그란 마음으로
가슴에 와 닿는다.

어느 누가 바라보지 않아도
가벼운 등짐 하나 걸치고
걸어가는 달팽이의 침묵이
향기를 피우며

어떤 사심 하나 가지고 있지 않은
들꽃의 소박함과
달팽이의 느긋함과
묵묵히 꽃 피워 향기 내뿜는
달팽이의 아름다운 모습

오밀조밀 들꽃 무늬 옷 갈아입고
들꽃처럼 청초한 하루를 보내고 싶다

부평초 같은 인생

낡은 일기장을 열어보듯
거울 앞에 서면
비틀거리며 늙어가는 것이 반사된다

오던 길 잠시 멈추고
잠시 뒤돌아보면
온통 후회의 연속들
자신과의 싸움에 얼마나
많은 밤을 하얗게 얼룩 지웠던가

감출 수 없는 눈가에 접히는 주름은
살아낸 세월이 아닌가
노을 지는 언덕에 서니 용서 못할 것도
이해 못할 것도 없는 오늘
두 눈 지그시 감으며
다시 돌아갈 수 없는 소중한 추억 한 편

또 무엇을 그리워할 것인가
삶이란 부평초 같은 인생인 것을…….

라일락 그늘에 앉아

오늘은
햇빛이 푸르른 날
라일락 그늘에 앉아
네 편지를 쓴다.

흐린 시야엔 바람이 불고
꽃잎은 분분히 흩날리는데
무슨 말을 쓸 것인가
서럽도록 눈이 어둡다

날리는 꽃잎에 가리워져
끝내 쓰지 못하고
아무래도 그 한 말
쓰지 못하네……

4월에 떠났네

목련이 뚝뚝 떨어지는 날
민들레 홀씨 따라 사라지는
四月에 뒤섞여 사라지는 상혼

한 점 종지부를 찍어야 하는
소멸하는 아픔은
떨어지는 낙엽 되어
맨땅 위에 뒹군다!

봄빛 누운 언덕에
화사한 봄날은 가고 오는데
悽然하게 피어나는
한 송이 모닥불은 검붉게 피는구나!

뼈를 깎는 아픔으로
각혈하는 통곡 소리
한恨 많은 세상 시달리다가
철쭉이 피고
복사꽃 잎 질 때……

민들레 홀씨 되어

바람을 걸치고
담모퉁이 길가 외롭게 홀로 앉아
씨방을 아름 안고
파리한 몸 하나로
가냘프게 웃고 있다

엄동설한 혹독한 외로움
참고 견디어 온 지 몇 날이더냐
잊으라고 무던히도 말했건만……

오늘도
여염집 아낙네처럼 곱게 분장한
살 고운 새색시처럼
한 뼘 햇살을 머리에 이고
임 오시길 기다리는 마음
그 누가 알까

봄의 小曲

그대는
아지랑이 피어나는 그 날을 아십니까?
보리 냄새 풍기는 그 날을 기억합니까?
밭둑길 논둑길 따라가며 봄볕에
넘나드는 그 날의 발자취를 생각합니까?

배고픈 날을 보채다가
별이 진 새벽을 보다가
달개비꽃의 눈물로 풀이 죽어
우는 봄날에
궁상떠는 늘어진 능수버들
휘청거린 그날의 그리움이
안개처럼 찾아왔다가

아스라이 멀어지는 뒤안길은
그저 마음문 밖에서 서성일 뿐
안개처럼 왔다가 사라집니다.

蘭 꽃

윤기 흐르는 봄날에
난 화분을 옮기려고 보니
여리디여린 아가손이
살~짝 내 눈을 훔친다.

얼마나 기막힌 일인가
난생처음 피워보는
꽃 중에 꽃이라서
한동안
마음에 파문을 일으킨다.

살포시 물을 주고
사무실 가장자리에 앉혀 놓았다
며칠 후
어디선가 날아온 향취는
코끝을 자극했다.

연신 두리번거리다

마침 그날이 떠올라 살펴보니
요, 녀석들이 다물고 있던
입술을 막 벌리기 시작한 게 아닌가?

심장이 터질 것 같은
너의 영혼은 걷잡을 수 없이
제 몸을 불태우고 있다.

그 겨울의 국화꽃

화려한 젊은 날은 가고
철 지난 겨울날 빙하 속에서도
실현과 좌절을 딛고 일어나
나약하게 피워 올린
하얀 백설의 꽃이여!

초롱초롱 눈망울
가냘픈 미소는
기어이 희망의 꿈을 펼치겠다구?
너의 고운 자태와
너의 고운 향기는
수려한 귀품의 양귀비란다.

오래도록 내 곁에 두고두고
간직하고픈
백설의 꽃이여
희망의 꽃이여

산나리

이제 막 핀 듯한 산나리가
배시시 웃고 있다.
은밀히
아픔을 吐해내며 흠모하는
눈빛 아름다워라

너를 바라보는 눈길이
이렇듯 스쳐 지남은
애틋한 그리움과
애환이런가

산 꿩의 깔아놓은
질편한 향취에
님의 침묵 고요히 묻어놓고
여우 빛 구름도 졸고 가는 외진 곳
영원까지 취하게 발목을 잡는다

금빛 꽃술 피어낸
대궁 속에서
네 맘 내 맘 아로새기며
지치지 않는 참사랑 인연 맺자고……

억새꽃 향연

설운을 맞으며
댕기 풀고 기다리는
억새꽃 향연

칼날을 휘두르며 지나가는 휘파람 소리
파리한 모습 너의 아픔 앞에
이별을 고하고
눈이 부시는 먼 하늘을
달무리 바라보듯 본다

눈꽃이 피던 어느 오후
햇볕에 타다 남은
한 소절 웃음소리
휩쓸고 간 침묵을 부여잡고

백발이 성성해진
허기진 영혼 앞에
허허로운 빈 뜰에도
나비가 앉은
뽀얀 꽃잎을 잉태하는
인동忍冬을 본다

유월의 붉은 장미

너무 많은 날을 기다리면서
한 송이 꽃으로 이름을 만들었다
작게 쏟아지는 미소를 만들고
큰 꽃잎으로 웃음을 주문하고
마른 잎 태우는 연기를 마셔 가며
혼자 피는 목련을 부러워했다
한순간
가슴에 쌓이는 기적을 보며
가슴 벅찬 환희의 감동도
때 아닌 눈물을 부여잡던
모진 인연의 절규도
지난 삶 파노라마 되어
골진 자태를 하얗게 벗어 놓은 채
유월의 붉은 장미도 부럽지 않다.

코스모스

어제같이 내리던 가을 단비가
촉촉이 적셔 주던 밤
살결 속을 파고드는 그리움에
가을은 여물어 가고
주체할 수 없는 설렘
마음은 바쁘게 두근거려
울컥 넘어온 애절함에
행여
밤새 울다 지쳐 버릴지도 모를
모습이 안쓰러워
총총히 길가로 달려가 보면
촉촉이 젖은 두 눈가엔
애잔하게 웃어주는 다정한 눈빛
굳이 말하지 않더라도
서로의 마음으로
호흡할 수 있다는 것을
허물어지는 새벽 하늘
여명은 밝아온다.

목련화

고독하고 외로운 긴긴 겨울을
실오라기조차도 걸치지 않은 채
삭풍이 불어오면 수족으로 맞고
흰눈이 내리면 설화로 피워주며
춘삼월 그렇게 만개할 꿈을 꾸었지

꽃 필 때는 아프다고 밤새 울어
눈물방울 머금었을 테고
진주조개도 아린 상처
파도에게 하소연 하듯이…

그 어떤 화려함보다
선비의 붓처럼 가련한 몸매는
사라지는 무희舞姬들의 마지막 공연을 보듯
하나 둘 조금씩 떨어져 가는
잎새를 지켜보며
동구 밖까지 시집보낸 딸 전송 나가는 것처럼……

도라지꽃 피는 언덕에 서면

황토밭 도라지꽃 피는 언덕에 서면
가을은 저 멀리 기약도 없이 다가와
잔잔히 실개천에 내려앉고

간간이 들려오는 낯익은 귀뚜라미 소리는
흘린 세월 주워 모아
두고두고 내 안부를 묻는다

산 꿩이 알을 품고
도라지는 제철에 피건 마는
풀 속에서 울어주는 쓰르라미는
네 고울 뜨락에서 만추의 노래로
질펀하게 사랑의 詩를 읊조린다

햇살의 옅은 미소
쪽빛 하늘 물들고
한 켠에선 소담히 보라색 향기의
하얀 그리움이
들꽃 향기에 믹서가 되어
청초하게 별빛 닮아 피어 있는
저 산 너머 도라지꽃 보며……

벚꽃 그늘 아래서

심장이 터질 듯한
화려한 봄날
깔깔거리는 소리가 커서
몰래 고개 들어 보니
아우성치는 한숨 소리가
한바탕 소란을 피운다.

하늘이 내려준 축복
부산히도 움직이던 꽃들의 잔치는
벌써 시간의 공간 속으로
임무교대를 하고 있다.

지나가던 나그네의 발목을 잡던
교태스런 유혹도 한나절 소나기일 뿐
금세 배신할 짧은 연정임을
벚꽃은 모르고 있나 보지
잠시 후
새 옷으로 갈아 입는다는 것도…….

길모퉁이 접시꽃

출근길 아침이면
발길 닿는 곳이 하나 있다
어디냐고 묻는다면
낮은 바람에게 실려 온 듯한
오솔길 담벼락 밑둥 사이
소담스럽게 핀 접시꽃
야한 모습은
누구를 애타게 기다리고 있는지
흠모하는 눈빛은 감당키 어렵네!

바람에게 묻지 않고
누구의 허락도 없이
누구의 혼 깨우려고
이다지도 고운 댕기 분장하였더냐?

관광객 없는 길모퉁이 외진 곳
하나뿐인 처녀성을 바치고
일생을 다하여야 하는

기구한 운명 앞에서도
웃음을 잃지 않고
작별인사도 없이
아름다운 모습 간직하고 있다

4

자연의 섭리

나의 시어들

無禮함을 달래기 위한
한 편의 글을 쓴다는 것은
어쩌면 행복일지도

바쁘다는 핑계로
생각을 바꾸어 가며
내 속에 수많은
그 무엇들을 끄집어 본다

붓 향에 기름 발라
활자의 글씨체로 수없이
반복하지만
향기가 묻지 않아
썼다가 지워버린 無垢한 詩語들

끝내 충실치 못한
빈 알갱이의 겉포장일 뿐
하얀 깨알같이
사라져 간 시간의 끝에서
안녕을 빈다.

존재의 무거움

나 정말 가벼웠으면 좋겠다
나비처럼
제비의 음반처럼
딱새의 깃털처럼 가벼워져
모든 기 위를 사뿐히
날아 다녔으면 좋겠다

내 안에 뭐가 있기에 나는 무거울까
버릴 것 다 버리고
버릴 것 다 버리고
잊을 것 다 잊고 나면 나 가벼워질까

아무렇게나 부자연스럽지 않게
혼자의 길을 날을 수 있을까
나 정말 가벼웠으면 좋겠다

이 순간 끝날 때까지
길 위를 날으고 또 날으고
종착역까지 날았으면 좋겠다

내가 무겁기 때문일까…….

작은 새

石花가 핀 돌담을 돌고 돌아
투명한 가지 사이를 오가며
언제나 목이 쉰 채로
새벽을 깨우는 외로운 작은 새

늘 혼자인 작은 새는
어디서 소식을 물어 왔던가?
사랑 한 잎 물어다가
내 방 가까이 찾아와
걸어놓은 창밖 거울 속
화들짝 몸을 던진다

잠시 착시錯視현상을 느끼는 듯
둘이 되는 애처로운 저 눈빛
번져가는 꽃물을 수놓듯
신비스러움을 토(吐)해 가며
토닥토닥 사랑은 익어간다

하염없이 절규하는 소리는
오늘도 사랑에 몸부림친다.

강둑을 거닐다

진눈깨비가 마구 쏟아지던 날
바람들의 절규인가
나뭇가지가 힘에 겨워
하중을 이겨내지 못한다

새들은 유유자적 그네를 타고
석양은 강물에 빠져
허우적거리다 지쳐
하얀 구름 위에 네 몸을 맡긴다

몽매한 눈길은 허공에 던지고
이별은 축제인 듯
술렁술렁 언덕배기 너머로
내 등을 밀어 주던 날
철새도 헛기침 내뱉는다.

강가에서

철이 지난 여울목에서
허무하게 탈바꿈하는
물과 같은 세월이여!

어제인 듯 잡힐 것 같은
순간순간들이 아득히 먼 길로
사라진 지 오래 되었네

계절이 놓고 간
강가에 홀로 앉아
마음 한 자락 내려놓고
과거를 낚는 회상을 그려본다

무너진 강기슭과
파헤쳐진 강바닥 흐르던 강물도
여윌 대로 여위어 눅눅한 세상
한 모퉁이에서 어혈瘀血의 노래로
제 모습 찾는 듯하구나

물거울에 비쳐진 작은 돌 하나
이끼가 낀 것이
지난 세월을 말해주듯
호들갑 떠는 물고기의 녀석들은
지나온 반평생을 보는 듯하여

오늘은 더 애절하구나!

사문진 나루터

찰삭이는 파도는 무동을 타고
산허리 돌아가며 부서지는 하얀 물보라
물비늘 반짝이는 고운 달빛 아래
파도가 토한 하얀 포말로 고요를 잉태한다

세월의 덫에 쫓기며 지나온 여정
굽이마다 반만년의 애환과 곡절
질곡의 세월도 뒤로한 채 한 매듭 속
내 젊은 날 흙탕물 滔滔했다

수마가 할퀴고 간 자리엔
용솟음치는 분노의 물결은 장관을 이루었고
어제의 허물을 벗기 위한 용틀임은
앙금처럼 남아 똬리를 틀며 휘감는다

소리 죽여 우는 강물은
滔滔했던 젊은 날 순응하면서
엎치락뒤치락 흐르는 물 벗 삼아
바람에 쫓기듯 스멀스멀 멀어져 간다.

* 사문진교는 경북 고령군에 있다

흐르는 물에 발 담그고

흐르는 물에 발 담그고
고달픈 일상을 씻으며
마음을 보낸다

남루한 발바닥에 맡겨진 삶이
시리다 못한 개울물에
심청深青이 도취되어
잔물결 사이사이 여울져 갈 때
물안개 소리 없이 어둠은 내리고

물새 떼의 자맥질하는 아름다운 모습은
물 위에 내려앉은 흰 구름 좇아
세파에 구르다 보면 시간은 정체되고
어느새 노을빛 고요히 흐를 뿐이다

아카시아 향기

혼 불태운 봄 언덕에
하얀 꿈 깊어 간다

산 그림자 밟으며
톡톡 터져 버린 잉태는
야망을 불태우고
질팍하게 깔아놓은 눈꽃은
베일 속 가리워진 너의 속살

아픔 비집고 다가와
풍기는 향기에 기절해 버리면
이대로 흙이 되어도
정녕 아까울 것 없도다

계곡 물 하얗게 수놓고
화들짝 터트린 꽃망울
환희의 언덕엔 한낱 새 소리
짝짓기 바쁜 하루

벌, 나비 윙윙 진종일
연연하며 울어 댄다.

연년이 피는 아카시아
꽃이지만 이렇게 기막힐 줄이야
나도 나무 되어 너에게 가리라.

청포도

장맛비 능소화 후두득 가슴 치면
틈틈이 내려 받은 청아한 은비늘
한 아름 안겨주면
잎새들의 속삭임에 하루가 다르게
잉태되어 간다.

향기 묻어나는 보랏빛
달콤한 입맞춤은
6월의 어지러움 속에
청춘의 꽃밭이 되고
주렁주렁 엮어 가는 내 사랑도
한겨울 그렇게 뒤척이더니
무더기로 몰려오는 행복은

한낱
자연의 마법으로
화려한 외출의 마력은
내 젊은 날 꿈과
사랑이 무르익어 간다.

자연의 섭리

촉촉이 적셔주던 가을 단비가
이 가을 나에게는
어딘가에 있을 갈잎의 주인을 위해
눈처럼 떨어지는 낙엽을 바라보면서
가을이 지는 모습을 바라보아야만 한다

거리마다 총총히 가을이 오는 소리를
가지마다 켜켜이 가을이 비켜가는 소리를
고이 물든 가을이 익어가는 모습을

가고 오지 않을 그림자로 서성일 바에야
차라리 오늘 밤도 어제처럼 기다릴 수밖에
한 치의 오차 없는 자연의 위대한 섭리에
나 또한 잠시 왔다 가는 길손인 것을……

백양산 단풍

백학봉 산자락엔
가을이 주는 선물이런가
골골이 심금을 울리며
잎잎이 불타는 극치 속에서
토하는 핏줄기로다

햇살이 얇은 이불처럼
숨이 끊어질 듯 無我之境 속에서
시인의 마음보다 더 화려하게
옷을 갈아입고
각혈하는 사람들
사욕의 옷을 벗는다

호수엔 숭어와 향어들은
悠悠自適하게 만흥을 부리고
한 줄기 포물선을 그리며
詩心을 하나 건져 올린다

타오르는 열정은
태양이 허락하는 순간까지
열과 혼이 담겨진 거대한 마력은
客窓에 비치는
네 모습 장렬한 오열이다

* 백양산 등산을 즐기면서

산을 오르면서

한적한 산길 음지쪽 잔설에
터벅터벅 발길을 옮긴다
냉랭한 바람소리와
흩어진 낙엽 구르는 소리는
탐욕도 허물도 허세도 없다

겨울이 놓고 간 잔설이며
인적 드문 계곡의 물소리는
문득 맑아서 시리다

비 온 뒤 혼탁함을 씻어낸
젖은 나뭇잎
맑아 울림이 없는 것들이
햇살조차 건드리지 않아
간혹 떨림으로 다가온다

그리움도 추억도 선명하게 다가올
겨울과의 이별이 아쉽다

아직은 부재중

그리움은 이미 사라진 시간
그래도 한 시절
호탕하게 주름 잡았다고 생각하지만
어떤 그리움은 농축이 되어
잔재의 그리움으로 남는다.

비록 말라죽은 죽데기일망정
가끔
지나가는 햇빛의 여울 사이로
죽은 그리움들이 전화를 해 본다.

'뭐 해요 하곤'
아직은 부재중이라고
오색의 하얀 비눗방울 꿈속에서
아주 포근히
어둠 속 잘 있다고……

내 안에 詩語가 들어오면

조그마한 공간에서
詩를 쓰고 읽는다는 것은
얼마나 행복한 일인가

내 안에 詩語가 들어오면
시어를 놓칠세라 허둥지둥
꼭 잡으려고 해도
어느새 달아나 귓전에 맴돌다
떠난다 하더라도
이 순간
내가 얼마나 축복인가

마음 내키는 대로 생각이 바뀌고
썼다가 지우는 일들은
사치스러운 일인지 모르지만
얼마나 즐겁고 행복한 일인가

두뇌가 기억을 멈추고

그들이 없어진다 하더라도
그 얼마나 찬란한 일인가

이 순간 내가 있다는 것이
내 안에 살아 숨 쉬는 증거니까

5

마음을 비우고

봄날

이런 봄날엔
가녀린 허리라도 힘주어
길을 나서고 싶다

개나리 진달래 생명 빛처럼
가쁜 걸음 걸어보고 싶다

겨우내 배앓이 하던 개구리
실개울에 납작 엎드린 뜻을 생각하며
봄볕 앞세워 그저 그렇게……

혼자라도 좋으니
누구라도 좋으니
온몸이 봄볕에 그을리도록
봄 마중 나서고 싶다

또 한 해가 간다

올해도 지친 삶을 살아 왔나 보다
눈비 없이 내리는 비를 맞는 것처럼
아쉬움과 한숨에 희비가 엇갈린다

과거는 내게로 돌아와
후회 없는 가슴으로 빗질하고
글썽이던 유리알처럼
연년이 휩쓸고 간 빈자리는
아직도 도리질하는 감정치수는
열여덟 열아홉
알싸한 코끝이 시리다

모퉁이 길목
백열등 축수는 깜박이는데
헬 수 없는 파편들은 허겁지겁
되짚을 수 없고
가슴으로 터지는 향고을 발자취는
덤으로 만족을 느끼면서

뒤돌아본 지금의 그 자리에는
머무를 수밖에 없는 또 한해가 간다

마음을 비우고

나 비상할 수만 있다면
모든 걸 버려도 좋으리
가벼이 가벼운 모시적삼
훌훌 벗고도 살 수 있는 곳

나 세상 잡념 버리고
맨발로 뛰어도 아프지 않은 곳
아득한 저 산 너머
맨몸으로 가리

평온한 들녘에
홀로 서 있는 허수아비가 되어도 좋으리
앉은뱅이 의자가 되어도 좋으리

늘어진 버드나무 가지 빗질하지 않아도
그늘만 될 수 있다면
바람 부는 대로 떠돌이가 되어도
국화꽃 피는 아침을 맞을 수만 있다면
내 기꺼이 맞으리

삶 속에서

유실된 삶의 빈 나루에
아름다운 편린의 조각들 한 아름 꺼내어
수정처럼 엮고 싶다.

그리움
폐부 깊숙이 숨어 있는 도열한 그리움은
결코 화려하지도 않은
미완성의 무채색
바람 색 물감에 꽃향기 섞어
무지갯빛 밑줄을 그어본다

풋풋한 향기의 여름날
청미래 가시의 덩굴로
예쁘게 꿰매어 모자이크 해야지
내 오늘도 기어이
시간이 고갈될 때까지……

산다는 것의 의미

열심히 산다는 의지 하나로
앞만 보고 조심조심 살려고 하지만
그것은 곧 교만이었다

잃어버린 것들에 대해
다시 주워 담을 수가 있다면
그것은 어쩌면 행복일는지……

조금 더 비굴하면 어떤가?
조금 더 경솔하면 어떤가?

구겨지지 않으려고 욕심을 내어 보지만
부질없는 속앓이로 안타까울 뿐

우회한들 어쩌랴?
좌회한들 어떠랴?

삶이 마냥 매끄러운가
다시 거슬러 올라가지 못할 길을

오지 않을 내일을 기다리며…….

삶의 굴레

늙은이의 눈물에서 탄생하는 별빛은
보석이 아닌 아픔인 것을
해일이 그대 가슴을 헤집던 날엔
가족은 무엇인가
이럴 때 사랑으로 진솔하게 말하는
그네들을 보고 싶어 한다

당신이 뿌려놓은 씨앗
온기 한 줌 나눌 수만 있어도
절대 고독은 느끼지 않으리라
타는 갈증을 목말라하는
늙은이의 마음엔 죽고 사는 일처럼
매달리는 평생의 열정으로

피골이 상접토록 기억조차도 희미해진
자식 걱정에 수렁 같은 상흔의 여지마저
애써 감추는 늙은이의 눈물

개구리 울음소리

흐르는 물소리 차갑고
평온한 들녘에
질 연기 피어오르는 초야 밤

천지가 칠흑 같은 스산함이
쓸쓸함을 음미하며
울어 대는 저 개구리 울음소리
허공을 삼켜 버리듯
이 밤도 떨고 있네

마음에 빗장의 문을 열게 한
고향의 풋풋한 향기는
깊은 기억의 앙상한 잔해를
부채질하듯 청아한 메아리 소리는
시공을 향해 시류를 타고
내 가슴속 들어온다.

고막이 찢어질 듯한 강렬한

흔들림의 시원한 가락 소리는
내 어릴 적 기억 속
소낙비 소리 같은 울음소리

애꿎은 그리움만 남긴 채
지금도 변함이 없네

저 멀리서 나직이 들려오는
소낙비처럼.

기다림

건너지 못할 강을
멀리서 바라만 보고 기다림으로
지우지 못한 그림을 다시는 그릴 수 없는 시간들
그대 먼 곳
타오르는 번득임 사이로
작은 가슴 슬픔이 고여 온다

조개 살이 깊이 박힌
하얀 진주알처럼
촛불에 타다 남은 얼룩의 심지가
유월에도 녹지 않는
이 마음 어쩌리

천만 번을 풀어내도
한 매듭의 춤사위뿐
먼— 시간의 변두리로 밀려나면

지팡이 하나에 전신의 무게로
그대만을 쳐다보는 백발의
꽃대궁처럼
그저, 바라만 볼 수 있다면……

신 새벽

초겨울 날씨를 연상케 한
스산하고 쌀쌀한 회색 빛 아침이 스멀스멀 밝아온다

막 잠에서 깨어난 나에게 까닭 모를 그리움이
살짝 스치고 지나가면 언제나처럼
이 새벽의 설렘을 모른 척하면서도
새벽공기를 가로질러 골목길 휘돌아 모롱이까지 돌아설 때면
몽롱한 내 마음은 맑은 전율을 타고 기분이 상쾌해진다
얼마를 걸었을까?

껌벅이는 가로등 불빛 아래 훤히 보이는 고목나무 아래서
낙엽송 잎새가 초라한 모습으로 나뒹군 채 나부끼고 있다
간밤에 비바람이 몹시도 불었나 보지

서로들 의지하며 위태로움을 달래면서 칼날 같은
비바람에 견디다 못 견딘 채 낙화가 되었구나
떨어진 잎새마다 멍든 자국이 땅 위에 나뒹군 채
파르르 떨며 나를 바라본다

상쾌한 마음은 어느덧 잠시
밀려오는 파도처럼 내 마음 산산이 부서진다!
한없이 거닐고 싶다
차디찬 돌부리를 걷어차고 또 차면서

상념 속 내 마음 어느새 물들어만 가는구나
홀로 낙엽이 되어 뒹구는 마음에 슬퍼만 간다
어디로 가는지 영원히 발걸음 닿는 데로 떠돌고 싶다.

어느 시설에서

험난한 인생길 조금 쉬어간다
생각하면 쉽겠지만
그렇게 쉽지만은 않다는 것을 아는가?

타인처럼 낯설기만 한 시설에
구름을 앞세우고 운명을 지팡이 삼아
종종걸음 후리치며 종착지를 향한다.

삶의 굴레를 벗어 던지지 못한
실낱같은 목숨 하나
아무렇게나 버리지 못한
혹독한 순간순간들
눈물이 어색한 분위기를 초래하고
넘지 못하는 장벽을
마주 잡은 채 손으로 교감한다.

살면서 발목을 잡는 넝쿨도
소맷자락 잡는 바람도

억수같은 비도
칠흑 같은 폭풍도 만났을 것이다.

휘어진 등허리 살가죽이 접쳐지고
모습 한 켠에 갈라진 마디마다
굴곡의 세월을 말해주듯
당신은 세상에서 가장 고귀한
어머님이시랴

결코 짧지 않은 여정이라지만
뿌린 씨앗 이고지고 걸어온 삶
사연 많은 세상살이
지나가는 바람에게 묻는다

삶이 질경이처럼 질긴가요?
질경이가 차전초라 했던가요?
고진감래라고 했던가요?
실낱같은 희망을 안겨주는
성주 어느 시설에서의 이야기

가을 小曲

한 알의 씨알이
벼랑 끝에 목말라 한다
타는 갈증에
이슬 먹고 꿈을 키우며
광란의 욕정을 불태운다.

척박한 자갈 땅에도
한 뼘 키 재기에
바쁜 고사리 아가손
세월의 끈을 놓칠세라
휜 듯 잡고 있다

알알이 박혀버린
가을의 향연은
땅거미 짙게 가을은 익어가고

까맣게 토해버린
곰삭은 열병 아래
허기진 배를 통통히 살찌운다

| 詩評 |

아픔을 읽는 서정의 詩

— 서옥련 詩人의 內面의 美學 —

공 정 식

| 한국문인협회 지역발전의원 · 시인 |

시가 삶의 모습을 드러내고 評하는 것이라 할 때 시에 대한 가장 온전한 評은 구체적인 삶 그 자체에서 온다고 말할 수 있다. 또 구체적인 삶의 모습이란 우리가 입는 옷처럼 혹은 커피물에 얼룩지고 수치스런 행위로 더럽혀진 몸뚱이들처럼, 우리의 주름살과 밤샘과 노동처럼, 관찰과 예언처럼, 사랑과 미움의 선언처럼, 전원시인과 짐승처럼, 만남의 충격처럼, 정치적 충성처럼, 부정과 회의처럼, 긍정과 세금처럼 비순수한 것이다. 사실 모든 위대한 시는 정신적인 차원의 생활만이 아닌 김치 냄새 나고 오줌 냄새 배어 있고 구정물도 흐르는 생생한 살림살이의 흔적들로 다양하게 여기저기 얼룩진 것들이라고 말할 수 있다. 다시

말해서 시인 자신의 절실한 생활체험이 담긴 것이면서 아울러 대부분의 사람들에게도 절실하고 실감있는 삶에 뿌리를 박은 것이 참된 의미에서 훌륭한 詩人이 탄생되는 것이라고 생각한다.

오늘날 대부분의 詩人들은 자신들 개인에게는 진실되고 절실한 것일지는 모르겠으나 넓은 讀者층에게는 낯설고 아무런 空感도 가지 않는 지극히 사사로운 어떤 꿈이나 체험의 표현에만 골몰하기가 일쑤이며, 이러한 현상은 특히 여성 시인들의 경우에서 두드러지게 나타나는 것 같지 않나 생각해 본다.

아버지! 女息 이제야 찾아 뵈옵니다.
당신 몸이 썩어 새끼의
먹이가 되어도
사랑으로 보듬어 주시던
내 아버지

둥지 속 제비처럼 알을 품고
먹이를 물어다 고이 길러 놓은 여식은
제 갈 곳으로 훌쩍 떠나 버렸습니다.

어릴 적 바라본 내 아버지
푸르름 아름 아름 채워주신 모든 것들
노래로 벗 삼아 山 능선 오르시며
젊음을 과시하시던 아버지

하-얀 齒[이] 드러내시며
언제나 살짝 웃어 보이셨지요

어제인 듯 잡힐 것 같은 순간들이
아득히 멀어진 지 오래 되었습니다

사랑으로 키우시고
사랑의 열매로 곱게도 길렀지요

아버지의 향취가 살아 숨 쉬는 이 곳
마음 한 자락 나뭇가지에 걸어 놓고
뒤돌아온 발길
아—! 가슴속 영혼이 저며 옵니다

—「아버지 산소 앞에서」 전문

이러한 화자의 애타는 심성의 소리는 가슴 깊이 새겨둔 父女之間의 자신을 발견하고 "어제인 듯 잡힐 것 같은 순간들이 아득히 멀어진 지 오래 되었습니다."처럼 모든 욕망과 충동을 여식의 가슴 안으로 잠재워 버리기로 아프게 체념의 내면세계를 부각시킨다. 그러나 서시인은 이러한 체념 속에 함몰해 버리는 것이 아니라 그 속에서 "사랑의 열매로 곱게도 길렀지요"와 같은 기적을 만나게 되는데, 이것은 이미 산소 같은 은유의 틀 속에 내재해 있던 이미지의 싹이기도 하다. 산소란 죽음을 뚫고 생명이 새롭게 아버지의 환영하는 기적은 이 작품에서는 늦게 시집간 여인이 아기를 낳는 것으로 "사랑으로 보듬어 주시던 /내 아버지 /둥지 속 제비처럼 알을 품고" 젊은 세대 아버지 모습으로 돌아와 내가 생명의 어미가 된 것으로 표현의 세계와 상상의 영상이 아닌가 생각해 본다.

소외와 절망의 아픔 속에서 기적 같은 소생의 가능성을 발견한 詩의 화자는 물로 바람으로 허물어졌던 영혼을 다시 뭉쳐서 새롭게 태어나려는 필사적인 詩와의 싸움에 뛰어든다.

나 비상할 수만 있다면
모든 걸 버려도 좋으리
가벼이 가벼운 모시적삼
훌훌 벗고도 살 수 있는 것

나 세상 잡념 버리고
맨발로 뛰어도 아프지 않은 곳

아득한 저 山 너머
맨몸으로 가리

평온한 들녘에
홀로 서 있는 허수아비가 되어도 좋으리
앉은뱅이 의자가 되어도 좋으리

늘어진 버드나무 가지 빗질하지 않아도
그늘만 될 수 있다면
바람 부는 대로 떠돌이가 되어도
국화꽃 피는 아침을 맞을 수만 있다면
내 기꺼이 맞으리

—「마음을 비우고」 전문

지금까지 생명의 환희가 거부되고 좌절된 삶의 아픔과 외로움, 절망 속의 체념과 達觀, 그 절망을 찢고 다시 새롭게 생명을 탈환하려는 결사적 노력 등이 노래[詩]되고 있는 서 시인의 내면세계를 정리해 본다. 자칫하면 상투적인 감상의 폭발이나 달콤한 자기 연민으로 떨어질 위험이 있는 소재들을 절제된 언어의 틀 속에 잘 다스려 선명한 詩的 具體性을 이룩한 서 시인의 범상치 않은 솜씨에 경의를 표하면서도, 한 가닥의 아쉬움을 떨쳐버릴 수 없는 것은 무슨 까닭일까? 그것은 서 詩人의 詩가 더 깊은 人間實存에 대한 어떤 形而上學的 통찰에 대한 노력이 있었으면 하는 바람이다. 우리 모두가 겪고 있는 깊은 時代的 어둠과 절망에 대한 통찰력의 필요성에 대한 아쉬움이다. 그렇다. 과거 전통의 무거운 압박 속에서 한국 女性들이 겪어온 보편적인 비극적 운명에 대한 생생한 증언을 들려줄 수 있는 정말 완전히 투명한 탈출을 기대해 본다.

어머님
세월은 가던가요?
꽃은 갈아 다시 피고 지고 피지만
세월은 되돌릴 수 없나 봅니다

하얀 백발에 情이 그리워선지
눈가에 어리는 이슬은
회환回還의 情이 그립던가요?

봉숭아로 곱던 손길
굵어지신 손마디 마다
깊게 팬 나이테는 되돌릴 수 없던가요

하얀 목련과도 같이 곱던
어머님의
化身은 세월 밖 밀려나시고
어느새 당신의 작은 모습이
가냘프게 느껴집니다
어머님……

—「사모곡」 전문

이 시는 어머니를 생각하는 것은 本質的이고 純粹한 그 무엇과 연결시켜 생각하는 이상과 꿈과 동경과 향수의 세계의 허구에 깨어나는 맑고 고운 정신의 탄생에 관계된 시로 일단 읽을 수 있지 않은가. 느낌이나 생각을 절도 있게 아무런 내색도 없이 담담하게 이

루어내는 서 시인의 진실성에 우리는 마음속으로 신비로운 어머님께서 아파하고 있는 지 헤아리기가 조심스러워진다. 현실과 사물에 새로이 눈뜬 시인은 우리에게 어머님이란 신비로운 사모곡이 있는 이상화된 어떤 공간 이제 "되돌릴 수 없던가요" 이 구절은 어머님의 품으로 갈 수 없는 안타까운 마음뿐이다. 서 시인은 이 숨막히는 정신과 의식의 모습을 꼼꼼하게 기록하여 보여주는 데 자신의 詩의 많은 부분을 바치고 있다. "化身은 세월 밖 밀려나시고" 이 시구가 있듯이 늘 변함없는 삶과 죽음을 향한 진행 속에서 거듭거듭 황홀한 아름다움을 창조해 냄으로써 이는 화자를 흔들어 새로운 창작의 기본을 보여주는 감성이 아닌가 생각된다.

유실된 삶의 빈 나루에
아름다운 편린의 조각들 한 아름 꺼내어
수정처럼 엮고 싶다

그리움
폐부 깊숙이 숨어 있는 도열한 그리움은
결코 화려하지도 않은
미완성의 무채색
바람 색 물감에 꽃향기 섞어
무지갯빛 밑줄을 그어 본다

풋풋한 향기의 여름날
청미래 가시의 넝쿨로
예쁘게 꿰매어 모자이크 해야지
내 오늘도 기어이
시간이 고갈될 때까지……

—「삶 속에서」 전문

화자에겐 감정의 내용과 정신의 내용이 다른 차원에서 조화되고 있다. 감정과 정신이 별개이면서도 어느 경우에 합일성을 나타내고 있는 삶이 아닌가 싶다. 理想은 곧 감정과 정신의 합일성 속에서만이 가능하며, 이 속에서 또 하나의 위상을 찾을 때 그 위상이 허상이든 실상이든 표현으로 한 세계를 이루게 된다고 생각한다.

화자는 현실의 불만 속에서만이 이상은 성장하는 것이 아니며 현실의 만족 속에서도 얼마든지 이상을 추구해 갈 수 있다는 믿음을 갖고 있다.

이상을 곧 主知와 注意에서 얻은 정신적 산물로 볼 때 거기에 감정을 순화시키는 작용이 필요하다면 서정적으로 순화된 감정의 내용이 필요한 "폐부 깊숙이 숨어있는 도열한 그리움은" 자기 표백에서 순화시켜 시적 진실의 세계로 移入시키는 데 성공하고 있다.

서 시인의 이상은 아름다운 美學이요 이상은 언어

예술을 창조하는 힘이며, 원동력이다. 이상은 자기를 기르는 어머니이다. 참된 삶을 예술로써 오랫동안 가두어 연소하여 먼—날에 연기로, 불빛으로 승화할 것을 표현하고 있다.

화자의 작품 속에는 많은 자연과 인정이 범벅으로 혼돈되고 있는데 이미지 속에서 情과 知를 융합한다는 것은 극히 어려운 시작의 과정임은 두말할 것도 없을 정도이다. 그러나 情과 知의 세계를 가장 잘 요리하고 융합하여 시작품의 세계에 移入이킨 시인이라고 생각된다.

화자는 自然感覺에 예민하여 현실적인 시의 소재로도 情과 知의 조화가 능란한 현대시의 어떤 새로운 이미지를 독자에게 전달해주고 있지 않나 생각해 본다.

끝으로 시는 시의 생명적 내용이 될 느낌과 생각과 상상력, 다시 말하면 시의 사상을 체득한 다음에는 어떻게 되는가. 앞에서 화자의 시를 생명적 자연으로서 하나의 有機體라고 이야기한 바 있다.

사람의 정신과 육체에 主從과 선후를 규정할 수 없듯이 시에는 내용과 형식을 분리해서 생각할 수 없다. 다시 말하면 시와 생명을 받는 것은 시의 내용을 받는 것이요, 동시에 詩의 형식을 받는다는 말이다. 생명은 움직이는 것이다. 시의 생명은 움직임 속에서도 정신의 律動이 되어야 의미가 있다.

律動的 언어— 리듬을 타는 언어는 분명 생명의 약동이 충만한 언어이다. 시의 생명이 언어의 선택과 배열에 있다면 춤추는 무용적 언어는 詩의 생명이다.

시인의 꿈은 현실을 그리든 안 그리든 간에 꿈에 심어진 그 많고 아름다운 樹木과 꽃나무들은 (언젠가) 시간의 제약없이 탄생의 고함을 치고 詩化될 것이다.

시인의 기억 속에 잠든 그 수많은 소재의 꿈의 자료는 現在 未來 過去 三者가 다같이 한방에서 기거하며 잠들고 있는 것이다.

三者의 잠은 언제고 깨어날 수 있는 가능성을 가지고 잠들고 있는 것이며, 이 가능성은 곧 시인의 일상생활과 항상 밀접한 관계를 맺고 있으니 시인의 知性, 理性, 感情에 의해서 세밀한 관찰과 깊은 관조와 높은 차원에서만 발로되는 것이다. 다시 말하면 시정신은 곧 시인의 정신과 동일한 것이다.